Kurt Rommel

Auf dem Weg nach Jerusalem

Besinnungen zu Texten aus dem Lukas-Evangelium mit Anmerkungen von Schalom Ben-Chorin und Fotos von Jörg Zink

Bethlehem — Jesus ist geboren
Nazareth — Jesus predigt
See Genezareth — Jesus beruft
Kapernaum — Jesus sucht Glauben
Tabgha — Jesus sättigt
Cäsarea Philippi — Jesus fordert heraus
Jericho — Jesus macht sehend
Jerusalem — Jesu Einzug
Jerusalem — Jesu Abendmahl
Jerusalem — Jesu Gebet
Jerusalem — Jesu Kreuzweg
Jerusalem — Jesu Kreuzigung
Jerusalem — Jesu Auferstehung

Quell Verlag Stuttgart

Bethlehem

Jesus ist geboren

Bethlehem (= Haus des Brotes), 17 km südlich von Jerusalem in Judäa gelegen. Aufstrebender Ort mit vielem, das an die alte Zeit erinnert: Hirten und Herden, Frauen, die in Tonkrügen Wasser holen. Die Geburtskirche, von einem katholischen, einem griechisch-orthodoxen und einem armenischen Kloster umgeben, wurde um 500 n. Chr. errichtet. Beim Dorf Beit Sahur liegt das »Feld der Hirten« (Lukas 2, 8). — Im Alten Testament: Rahel, Jakobs Frau, stirbt auf dem Weg nach Bethlehem (1. Mose 35, 19); Boas und Ruth (Ruth 4); Samuel salbt David (1. Samuel 16, 13); Herkunft des Messias (Micha 5, 1).

Fotos: Luftbild von Bethlehem
Gottesdienst in der Geburtskirche (farbig)

Lukas 2, 1-16

Damals erließ der Kaiser Augustus eine Verordnung, die ganze Bevölkerung in Steuerlisten einzutragen. Diese Erfassung geschah zum ersten Mal, während Quirinius Statthalter von Syrien war.
Alle machten sich auf den Weg, weil sich jeder an dem Ort registrieren lassen mußte, wo er Besitzrecht hatte.
Josef stammte aus der Familie und dem Geschlecht Davids. So reiste er von Nazareth in Galiläa nach Bethlehem, der »Stadt Davids«, in Judäa, um sich eintragen zu lassen. Maria, seine junge Frau, nahm er mit. Sie erwartete ein Kind.
Während ihres Aufenthalts in Bethlehem kam die Zeit der Geburt heran.
Maria brachte ihren Sohn, den »Erstgeborenen«, zur Welt. Sie hüllte ihn in Windeln ein und bettete ihn in eine Futterkrippe. Es gab sonst keinen geeigneten Platz in der Unterkunft.
In der Umgebung befanden sich Schafhirten auf ihren Weideplätzen. Die hielten Nachtwache bei ihrer Herde.
Plötzlich trat ein Engel Gottes mitten unter sie, und das majestätische Licht des Herrn überstrahlte sie. Da erschraken sie bis auf den Grund ihres Herzens.
Aber der Engel sprach sie an: »Erschreckt nicht! Hört, ich bringe *euch* eine überwältigende Freude, die für das ganze Volk bestimmt ist. Heute ist in Davids Stadt für euch der Retter geboren worden: Christus, der Herr.
Und das soll euch als Zeichen dienen: Ihr werdet ein neugeborenes Kind finden, das in Windeln eingehüllt und in eine Futterkrippe gebettet ist.«
Plötzlich standen um den Engel herum viele vom himmlischen Heer. Sie rühmten Gott:
»Ehre Gott im Himmel
und Friede auf Erden
unter Menschen, denen Gottes Liebe gilt.«
Als die Engel wieder in den Himmel zurückgekehrt waren, sagten die Hirten zueinander: »Kommt schnell nach Bethlehem! Wir wollen sehen, was dort geschehen ist. *Uns* hat es der Herr wissen lassen.«
Sie eilten hin und fanden Maria, Josef und das Neugeborene, das in die Futterkrippe gebettet war.

Hier haben wir es mit dem kindvertrauten Weihnachtsevangelium zu tun, das von der Geburt Jesu in Bethlehem erzählt, der Stadt Davids im jüdischen Lande. Es ist klar, daß die Lokalisierung der Geburt Jesu in Bethlehem im Sinne der Erfüllung messianischer Weissagung gedacht ist: »Und du, Bethlehem Ephratha, die du klein bist unter den Städten in Juda, aus dir soll mir der kommen, der in Israel Herr sei, dessen Ausgang von Anfang und von Ewigkeit her gewesen ist« (Micha 5, 1).
Gleichsam unterschwellig ist aber noch ein anderes Motiv mitgegeben. Bethlehem (Beth Lechem) heißt »Haus des Brotes«, und dort wird der geboren, der sich als das Brot des Lebens (Johannes 6, 35. 48) und als das lebendige Brot (Johannes 6, 51. 58) bezeichnet.

Schalom Ben-Chorin

Und du, Bethlehem Ephratha, die du klein bist unter den Städten in Juda, aus dir soll mir der kommen, der in Israel Herr sei, dessen Ausgang von Anfang und von Ewigkeit her gewesen ist. *Micha 5, 1*

Ein *Ort* wird genannt: Bethlehem, ein Ort voll Tradition. Mit Bethlehem ist die Verbindung zum Alten Testament hergestellt. Jesus ist nur zu verstehen als einer, der seine Wurzeln in der jüdischen Geschichte, im Alten Testament hat.

Namen werden genannt: Namen, die in der politischen Geschichte der damaligen Zeit eine wichtige Rolle spielten: Augustus, der Kaiser in Rom, Quirinius, der Statthalter in Palästina. Jesus ist in die Geschichte der Menschen eingebunden. Er ist nicht aus ihr zu lösen. Jesus ist nur *in* dieser Geschichte zu verstehen, nicht außerhalb ihrer. Wenn Augustus, der Weltenherr, geahnt hätte, welch ein Weltenherr ihm in Jesus als Konkurrent heranwächst, hätte er, nicht Herodes, ihm nach dem Leben getrachtet.

Boten werden genannt: die Engel. So wichtig uns Menschen sind, so wichtig genaue historische Vorgänge — die Mitte der Geschichte liegt in den Worten des Gottesboten: »Für euch ist heute der Retter geboren worden!« Hier wird nicht neutral-objektiv berichtet, sondern persönlich-direkt angesprochen und verkündigt. In diesem Wort werden Jahrtausende übersprungen.

Zeichen werden genannt: Krippe und Windeln. Sie sind nichts Außerordentliches für die damalige Zeit. Aber genau das soll gesagt werden In diesem Jesus, als Sohn von Eltern unter normalen Verhältnissen geboren, handelt Gott. Die Zeichen: Sie verdeutlichen und verhüllen in einem.

Glaubende werden genannt: die Hirten. So ganz anders, als wir es gerne hätten, geschieht es: nicht schauen und dann glauben, sondern: erst der Botschaft glauben und dann in Bethlehem schauen. Einen zuverlässigen Eindruck machen die Hirten eigentlich nicht. Aber: Nicht die Hirten garantieren die Wahrheit der Botschaft, sondern die Bot-

schaft macht sie, die unwürdigen Hirten, zu Verkündern: »Der Heiland ist geboren!«
Wer erst schauen will, wird Kind und Krippe und Windeln finden, wie man sie tausendfältig fand und findet.
Wer zu glauben bereit ist und als Glaubender schaut, sieht den Himmel offen.

Herr, unser Gott!
Du hast uns deinen Sohn geschenkt.
Mach uns alle zu deinen Kindern.
Amen.

Heute ist in Davids Stadt
für euch
der Retter geboren worden:
Christus, der Herr. Lukas 2, 11

Nazareth

Jesus predigt

Nazareth liegt 100 km nördlich von Jerusalem in Unter-Galiläa. Etwa 30 000, fast nur arabisch-christliche Einwohner, wenige Moslems. Größte arabische Gemeinde Israels. Industrieviertel am Rand der Stadt, dort auch jüdische Bürger. Viele Gedächtnisstätten (Kirchen, Klöster), darunter die Verkündigungskirche der Franziskaner (1969) und die Josefskirche. — Nazareth wird im Alten Testament nicht erwähnt. Seine Bedeutung verdankt es dem Neuen Testament: Dort wird es als Wohnort Jesu genannt.

Fotos: Blick auf Nazareth mit der Verkündigungskirche
Arabische Kinder (farbig)

Lukas 4, 16-30

Einmal kam er nach Nazareth, wo er aufgewachsen war, und begab sich wie gewöhnlich am Feiertag in das Gemeindehaus. Dort stand er auf, um vorzulesen. Man überreichte ihm die Schriftrolle des Propheten Jesaja. Er entrollte sie und las die Stelle: »Der Geist des Herrn ruht auf mir. Er hat mich dazu erwählt, den Armen die frohe Nachricht zu verkünden. Er hat mich gesandt, den Gefangenen die Befreiung zu versprechen und den Blinden die Sehkraft, den Mißhandelten Erlösung zu bringen und anzukündigen ein freundliches Jahr des Herrn.«
Jesus rollte die Schrift zusammen, reichte sie dem Gemeindediener und ließ sich nieder. Die Augen aller im Gemeindehaus waren gepannt auf ihn gerichtet. Jesus begann seine Auslegung vor ihnen damit, daß er ihnen klarmachte, *jetzt* sei diese Schriftstelle vor ihren eigenen Ohren Wahrheit geworden. Alle stimmten ihm zu. Sie waren nur sehr erstaunt, daß sie solche begnadeten Worte gerade aus seinem Munde hörten, und fragten: »Ist das nicht der Sohn Josefs?«
Jesus erwiderte ihnen: »Sicher werdet ihr jetzt das Sprichwort zitieren: ‚Arzt, mach dich selbst gesund!' und fordern: ‚Was wir von Kapernaum gehört haben, das gleiche tu doch auch hier in deiner Vaterstadt!'
Aber ich sage euch Gottes Wahrheit: Kein Prophet gilt etwas in seiner Heimat. Um der Wahrheit willen muß ich euch daran erinnern, daß es zur Zeit des Elia viele Witwen in Israel gab. Damals fiel drei Jahre und sechs Monate lang kein Regen. Im ganzen Land war große Hungersnot. Und doch wurde Elia nur zu der Witwe nach Sarepta in Sidonien geschickt, zu niemand sonst.
Und zur Zeit des Propheten Elisa gab es viele Leprakranke in Israel. Keiner von ihnen wurde geheilt, nur der Syrer Naeman.«
Als die Juden das in ihrem Gemeindehaus hören mußten, wurden sie alle zornig. Sie fuhren auf und warfen ihn aus der Stadt hinaus. Dann zerrten sie ihn an einen Steilabhang der Hochebene, auf der ihre Stadt lag, um ihn hinabzustürzen.
Aber Jesus ging mitten durch die Menge hindurch fort.

Jesus nimmt am Sabbat-Gottesdienst in seiner Heimatgemeinde Nazareth teil und verliest eine Prophetenperikope. Bis heute ist es üblich, in den Synagogen nach der Lesung aus der Thora (Gesetz) eine korrespondierende Prophetenstelle zu lesen, ähnlich wie in den Kirchen Evangelium und Epistel aufeinander abgestimmt werden. Der Prophetenabschnitt, den Jesus verliest, ist die Haphtara zu dem Thora-Abschnitt »Ki tavo — nizzawim« (5. Mose 26-29). Es handelt sich um den 50. und 51. Wochenabschnitt, die immer in den Sommer fallen.

Schalom Ben-Chorin

Der Geist Gottes des Herrn ist auf mir, weil der Herr mich gesalbt hat. Er hat mich gesandt, den Elenden gute Botschaft zu bringen, die zerbrochenen Herzen zu verbinden, zu verkündigen den Gefangenen die Freiheit, den Gebundenen, daß sie frei und ledig sein sollen; zu verkündigen ein gnädiges Jahr des Herrn und einen Tag der Vergeltung unsres Gottes, zu trösten alle Trauernden. *Jesaja 61, 1-2*

»Was kann aus Nazareth Gutes kommen?« ist eine Frage, die Jesus sein Leben lang begleitet.
Was soll uns ein Mann bedeuten, der aus so niederen Bevölkerungsschichten stammt? Der sich mit Menschen abgibt, die nicht rein sind? Der nicht auf akademischer Höhe steht? Der nur umherzieht und keinen festen Wohnsitz sein eigen nennt?

Nun ist Jesus in Nazareth, in seiner Heimat.
Bethlehem: Das ist der Ort, an dem die Königslinie, die Gotteslinie aufgezeigt wird.
Nazareth: Das ist der Ort der Menschlichkeit, der Zweideutigkeit, der Verachtung: »Wir kennen doch seine Eltern und Geschwister!«
So sehr Heimatstädte auf ihre großen Söhne stolz sind, so sehr gilt auch: »Kein Prophet gilt etwas in seiner Heimat!« Hätte Jesus eine große Erfindung gemacht, Anerkennung wäre ihm sicher gewesen. Nun hat Jesus Worte gesprochen, die Entscheidung und Neuorientierung verlangen. Den Berg wollen sie ihn hinabstürzen. Sie wollen in ihrer Ruhe nicht gestört, sondern bestätigt werden. Ist das heute anders?

Jesus geht am Sabbat »wie gewöhnlich« in die Synagoge. Dort, wo Gottes Wort gelehrt, gelesen und gehört wird, ist sein Platz. Er will dort sein, wo sein Vater ist, wo Menschen auf seines Vaters Wort hören. Wir kritisieren Gewohnheiten, Sitten und Bräuche. Die Gewohnheit, am Sabbat, am Tag des Herrn dorthin zu gehen, wo Menschen ihn hören und wo sich Menschen versammeln, die ihm gehören, ist nachahmenswert.

»Jesus ging mitten durch die Menge hindurch fort.« Hier geht Jesus noch weg. Seine Zeit ist noch nicht gekommen. In Gethsemane wird er nicht mehr durch die Menge hindurch fortgehen. Er wird sich stellen und sterben. Jetzt geht er noch weg. Er wird weiterhin den Menschen aufs Maul schauen, aber nie und nimmer nach dem Munde reden. Und er wird wahr machen, was bei Jesaja steht: das freundliche Jahr des Herrn ankündigen, Armen die frohe Nachricht verkünden, Gefangenen die Befreiung versprechen, Blinden Sehkraft geben.

In seinem Namen sind seitdem Menschen unterwegs, das freundliche Jahr des Herrn anzukündigen, die Gnade Gottes auszurufen, Armen den Reichtum Gottes anzubieten, Gefangenen den Weg in die wahre Freiheit zu zeigen und Blinden die Augen zu öffnen für den Herrn aller Herren.
In seinem Namen sind seitdem Menschen unterwegs, Menschen, die mit Wort und Leben den Reichtum und die Freiheit Gottes mitteilen, weil sie sehend geworden sind.

Herr, unser Gott!
Laß dein freundliches Jahr
an uns nicht spurlos vorübergehen.
Mach uns frei!
Und mach uns froh mit deiner Botschaft.
Amen.

»Gott hat mich gesandt,
den Gefangenen die Befreiung
zu versprechen.« Lukas 4, 18

See Genezareth

Jesus beruft

Der See Genezareth (= Galiläisches Meer oder See Tiberias) liegt 100 km nördlich von Jerusalem in Galiläa, 209 m unter dem Meeresspiegel. Er ist der tiefstgelegene Süßwassersee der Erde mit großem Fischreichtum (Karpfenarten, Maulbrüter, Wels). Er ist 20 km lang und 12 km breit. Der See mit seiner ganzen Umgebung ist Schauplatz vieler Ereignisse im Leben Jesu.

Fotos: Abendstimmung am See
Fischerjunge am See (farbig)

Lukas 5, 1-11

Jesus stand am See Genezareth, und die Menschenmenge drängte ihn, er solle ihnen von Gott erzählen. Währenddessen sah Jesus zwei Boote am Ufer liegen. Die Fischer waren an Land gegangen und reinigten ihre Netze. Jesus stieg in eins von den Booten und bat Simon, dem es gehörte, ein wenig vom Ufer abzustoßen.
Im Boot sitzend sprach Jesus zu der Menschenmenge von Gott.
Als er seine Ausführungen beendet hatte, sagte er zu Simon: »Fahr weit hinaus! Werft eure Netze zum Fang aus.«
Simon erwiderte: »Herr, wir haben uns die ganze Nacht abgemüht und nichts gefangen. Aber weil *du* es sagst, will ich die Netze noch einmal auswerfen.«
Als sie es dann taten, brachten sie eine riesige Menge Fische zusammen. Ihre Netze begannen zu reißen. Da winkten sie ihren Gefährten in dem andern Boot, sie sollten kommen und ihnen helfen. Nachdem die herangerudert waren, konnten sie beide Boote so beladen, daß sie zu sinken drohten.
Als Simon Petrus das sah, fiel er vor Jesus auf die Knie und stammelte: »Geh fort von mir, Herr, ich bin ein schuldbeladener Mann.«
Denn wegen dieses Fischfangs, den sie miteinander getan hatten, waren er und seine Gefährten tief erschrocken; ebenso auch die Söhne des Zebedäus, Jakobus und Johannes. Sie waren Simons Freunde.
Aber Jesus beruhigte Simon: »Hab keine Angst! Von heute an wirst du deine Netze nach Menschen auswerfen.«

Lukas 8, 22-25

Eines Tages stiegen Jesus und seine Jünger in ein Boot. Er forderte sie auf: »Wir wollen ans andre Ufer des Sees hinüberfahren!« Sie ruderten los. Während der Fahrt schlief Jesus ein. Plötzlich jagte von den Bergen eine Bö auf den See herab. Das Boot schlug voll Wasser, und sie gerieten in Gefahr. Da stießen sie Jesus an, weckten ihn auf und schrien voll Angst: »Herr, Herr, wir ertrinken.«
Jesus stand auf und herrschte den Sturm und die tobenden Wogen an. Da ließen sie nach. Bald war völlige Windstille.
Jesus fragte die Jünger: »Wo ist euer Vertrauen geblieben?«
Erschreckt und erstaunt sagten sie zueinander: »Wer ist er bloß? Er befiehlt selbst dem Sturm und den Wellen — und sie gehorchen ihm.«

In diesen beiden Lukas-Stellen wird vom Fischzug des Petrus und von der Stillung des Sturms berichtet. Bis heute bildet der Fischfang im Jam Kinnereth, dem See Genezareth, eine Haupterwerbsquelle der Bevölkerung. Auch der Kibbuz Ejn Gev am Ufer des Sees hat sich dem Aufbau der Fischerei gewidmet. Aber genauso wie damals können auch heute Schiffer und Fischer durch ganz plötzlich auftretende Seestürme bedroht werden, die dieses liebliche, sanfte Gewässer binnen Minuten in ein wildwogendes Meer verwandeln.

Schalom Ben-Chorin

In dem Jahr, als der König Usia starb, sah ich den Herrn sitzen auf einem hohen und erhabenen Thron, und sein Saum füllte den Tempel. Seraphim standen über ihm; ein jeder hatte sechs Flügel: mit zweien deckten sie ihr Antlitz, mit zweien deckten sie ihre Füße, und mit zweien flogen sie. Und einer rief zum andern und sprach: Heilig, heilig, heilig ist der Herr Zebaoth, alle Lande sind seiner Ehre voll! Und die Schwellen bebten von der Stimme ihres Rufens, und das Haus ward voll Rauch. Da sprach ich: Weh mir, ich vergehe! Denn ich bin unreiner Lippen und wohne unter einem Volk von unreinen Lippen; denn ich habe den König, den Herrn Zebaoth, gesehen mit meinen Augen. Da flog einer der Seraphim zu mir und hatte eine glühende Kohle in der Hand, die er mit der Zange vom Altar nahm, und rührte meinen Mund an und sprach: Siehe, hiermit sind deine Lippen berührt, daß deine Schuld von dir genommen werde und deine Sünde gesühnt sei. Und ich hörte die Stimme des Herrn, wie er sprach: Wen soll ich senden? Wer will unser Bote sein? Ich aber sprach: Hier bin ich, sende mich! Und er sprach: Geh hin und sprich zu diesem Volk: Höret und verstehet's nicht; sehet und merket's nicht! Verstocke das Herz dieses Volks und laß ihre Ohren taub sein und ihre Augen blind, daß sie nicht sehen mit ihren Augen noch hören mit ihren Ohren noch verstehen mit ihrem Herzen und sich nicht bekehren und nicht genesen. Ich aber sprach: Herr, wie lange? Er sprach: Bis die Städte wüst werden, ohne Einwohner, und die Häuser ohne Menschen und das Feld ganz wüst daliegt. Denn der Herr wird die Menschen weit wegtun, so daß das Land sehr verlassen sein wird. Auch wenn nur der zehnte Teil darin bleibt, so wird es abermals verheert werden, doch wie bei einer Eiche und Linde, von denen beim Fällen noch ein Stumpf bleibt. Ein heiliger Same wird solcher Stumpf sein. *Jesaja 6*

Jesus braucht den Fischer und sein Boot. Ohne Fischer und ohne Boot kann er sich der Menge nicht verständlich machen. So werden Mensch und Material in Dienst genommen. Mitten in der Berufsausübung trifft Petrus das Wort Jesu selbst. Er soll und will nicht nur passives Medium sein; er soll und will aktiv werden, mit diesem Jesus und für diesen Jesus Fischer sein. Er soll und will »Menschen fischen«. Ob mit oder ohne Berufswechsel, der Ruf zum Dienst gilt immer und jedem. Und mancher mag in seinem Beruf auf den Ruf Jesu stoßen und eine Berufung erfahren, die sein Leben verändert, mit oder ohne Berufswechsel.

»Weil *du* es sagst, will ich die Netze noch einmal auswerfen!« sagt Petrus. Das heißt: Auf Glauben hin, ohne Wissen um den Erfolg. Aus Glauben, ohne Schauen. Petrus gehorcht diesem Wort Jesu, wie der Sturm dem Wort Jesu gehorcht. Die Jünger sehen den, der die Wellen beruhigen kann. Die Jünger sehen auf Jesus und sehen die Wellen nicht mehr. Wie oft kommt es auf die Blickrichtung an.
Erfahrungen mit Jesus macht man im Gehorsam gegen sein Wort, im Glauben. Erfahrungen mit Jesus bringen Erkenntnis der Schuld und Bereitschaft zum Dienst.
Auf jeden Fall gilt: Ohne Glauben gibt es kein Schauen. Ohne Glauben ist Erfahrung mit Jesus nicht möglich.

Was ist wohl das größere Wunder: Daß Petrus bei Tag viele Fische fängt und daß der Sturm sich legt? Oder: Daß Petrus ja sagt und die Jünger die Angst verlieren? Nicht der Fische und des Sturmes wegen sind die Geschichten erzählt, sondern um der Menschen willen, die neu werden, die neuen Zugang zu Gott finden, dabei sich selber besser kennenlernen und einen neuen Lebensinhalt entdecken.
Menschen sagen ja zu Gott: Ein größeres Wunder gibt es nicht.

Menschen sagen ja zu Gott. Und das nicht nur in der Vergangenheit. Menschen sagen auch heute ihr Ja. Nur so wird Gemeinde. Nur so wird

Kirche. Nur so werden Menschen Gottes Mitarbeiter. Nur so werden wieder andere zum Gehorsam gerufen. Und dann geschieht es immer wieder: »Weil *du* es sagst, will ich die Netze auswerfen!«

Herr, unser Gott!
Wir wollen dir gehorchen,
wenn du uns rufst.
Ruf uns! Und wir wollen auf dein Wort hin
unsere Netze auswerfen.
Amen.

**Weil du es sagst,
will ich die Netze
noch einmal auswerfen.** Lukas 5, 5

Kapernaum

Jesus sucht Glauben

Kapernaum (= Kefar Nahum, Dorf des Nahum) liegt am Nordufer des Sees Genezareth. Heute ist es ein Ruinenfeld und eine berühmte Ausgrabungsstätte. Bekannte, 1926 freigelegte Synagoge; schöner Mosaikfußboden aus dem 7. (?) Jahrhundert aus dem Haus des Petrus (?). Wichtige Wirkungsstätte Jesu. Auch Kapernaum wird wie Nazareth als Heimatort Jesu angesehen.

Fotos: Ausgrabungen in Kapernaum mit der freigelegten Synagoge
Skulpturen (Urbilder jüdischer Symbole) an Überresten der Synagoge (farbig)

Lukas 7, 1-10

Nachdem Jesus alle diese Reden vor vielen Zuhörern beendet hatte, zog er wieder nach Kapernaum.
Dort befand sich ein römischer Offizier, der einen Diener besaß. Den schätzte er sehr. Dieser lag damals im Sterben.
Der Offizier hörte von Jesus. Er schickte Älteste von den Juden zu ihm mit der Bitte, zu kommen und seinen Diener vom Tode zu retten.
Die Abgesandten suchten Jesus auf und baten ihn nachdrücklich um Hilfe. Sie beteuerten, der Offizier sei es wirklich wert, daß ihm geholfen werde; denn er liebe das jüdische Volk und habe ihnen ihr Gemeindehaus bauen lassen. Da begleitete Jesus sie.
Nicht mehr weit weg vom Haus dieses Mannes kamen ihnen schon dessen Freunde entgegen. Er ließ durch sie ausrichten: »Herr, bemüh dich nicht. Ich bin es nicht wert, dich in meinem Haus zu empfangen. Darum habe ich es auch nicht gewagt, selbst zu dir zu kommen. Die Kraft deines Wortes genügt, dann wird mein Diener gesund.
Auch ich bin doch ein Mann, der unter einer Befehlsgewalt steht; andrerseits wieder unterstehen mir selbst Soldaten. Ich kann einem befehlen: ‚Geh!' Dann geht er. Einem andern: ‚Komm!' Dann kommt er. Und meinen Diener kann ich anweisen: ‚Tu das!' Dann tut er's.«
Als Jesus das hörte, staunte er sehr. Er drehte sich zu den Leuten um, die hinter ihm hergingen, und erklärte: »Ich muß euch sagen, so großes Vertrauen habe ich in meinem eignen Volk Israel noch nicht gefunden.«
Als die Boten wieder nach Hause zurückkehrten, fanden sie den Kranken gesund.

Lukas 10, 13-16

»Weh dir, Chorazin! Weh dir, Bethsaida! Wenn in Tyrus und Sidon die Wunder geschehen wären, die ihr erlebt habt, hätten die Leute dort längst in Sack und Asche sitzend ihr altes Leben bereut. Aber im Gericht wird es Tyrus und Sidon erträglicher gehen als euch.
Auch du, Kapernaum! Bist du nicht in den Himmel erhoben worden? Du wirst hinabstürzen in die Hölle.
Wer euch hört, der hört mich. Und wer euch abweist, der weist mich ab. Aber wer mich abweist, stößt den zurück, der mich hergesandt hat.«

Kapernaum heißt hebräisch: Kefar Nahum, das Dorf Nahums, wobei es nicht klar ist, ob es nach dem Propheten Nahum benannt wurde. Die Ruinen einer antiken Synagoge sind dort noch zu sehen, wobei es natürlich nicht sicher sein kann, daß es genau die von dem römischen Hauptmann gestiftete ist.
In der zweiten Perikope erschallt der Weheruf Jesu über galiläische Städte, darunter Korazin, das erst jetzt nach dem Sechstagekrieg 1967 als Wehrdorf an der libanesischen Grenze wieder aufgebaut wurde.

Schalom Ben-Chorin

Naeman, der Feldhauptmann des Königs von Aram, war ein trefflicher Mann vor seinem Herrn und wert gehalten; denn durch ihn gab der Herr den Aramäern Sieg. Und er war ein gewaltiger Mann, jedoch aussätzig. Aber die Kriegsleute der Aramäer waren ausgezogen und hatten ein junges Mädchen weggeführt aus dem Lande Israel; die war im Dienst der Frau Naemans. Die sprach zu ihrer Herrin: Ach, daß mein Herr wäre bei dem Propheten in Samaria! Der könnte ihn von seinem Aussatz befreien. So kam Naeman mit Rossen und Wagen und hielt vor der Tür am Hause Elisas. Da sandte Elisa einen Boten zu ihm und ließ ihm sagen: Geh hin und wasche dich siebenmal im Jordan, so wird dir dein Fleisch wieder heil und du wirst rein werden. Da stieg er ab und tauchte unter im Jordan siebenmal, wie der Mann Gottes geboten hatte. Und sein Fleisch wurde wieder heil wie das Fleisch eines jungen Knaben, und er wurde rein. *2. Könige 5, 1-3. 9. 10. 14*

Da ließ der Herr Schwefel und Feuer regnen vom Himmel herab auf Sodom und Gomorra und vernichtete die Städte und die ganze Gegend und alle Einwohner der Städte und was auf dem Lande gewachsen war.

1. Mose 19, 24-25

Kapernaum — Grenzgebiet zwischen verschiedenen Besatzungsgebieten im damaligen Israel, zwischen Herodes im Süden und Philippus im Norden.
Der römische Hauptmann ist ein freundlicher Mann. Ihm liegt an einem guten Verhältnis zwischen der Besatzungsmacht und der Bevölkerung. Ihm ist nicht gleichgültig, was die einheimische Bevölkerung glaubt, denkt und hofft. Ihm ist wichtig, auch in weltanschaulichen Fragen im Gespräch mit der Bevölkerung zu bleiben. Er kümmert sich um die Synagoge und um das Wort Gottes, auch um das, das Jesus spricht.

Jesus heilt nicht jeden Kranken. Er heilt nicht nach Schema, er heilt, wann und wen und wie er will. Jesus heilt nicht nur um des Kranken willen. Er heilt auch um der Angehörigen, um der Nachbarn, der Freunde, ja des ganzen Volkes willen. Er will Zeichen, sichtbare Zeichen aufrichten. Seine Macht über die Krankheit lockt in Menschen den Glauben, das Vertrauen zu Gott heraus. Das will Jesus: Glauben wecken, zum Gottvertrauen reizen: »Die Kraft deines Wortes genügt, dann wird mein Diener gesund!« Dieser Glaube ist das Ziel des Redens und Handelns Jesu. In ihm spricht Gott sein Schöpfungswort noch einmal.

Kapernaum ist heute ein Trümmerhaufen. Der Glaube des Hauptmanns fand keinen Widerhall. Die Weherufe gegen die galiläischen Städte wegen ihres Unglaubens sind zu Stein geworden — und sind vor Augen. Sie sind Beispiele in Stein für den Ungehorsam, für das Nicht-recht-Hören auf das Wort. Nicht immer, aber oft hat Ungehorsam Folgen. Nicht immer, aber oft kann man diese Folgen sehen. Wie immer die Historiker und die Archäologen die Ruinen von Kapernaum erklären mögen — sie rufen: »Heute, so ihr seine Stimme hört, so verstockt euer Herz nicht!«

Die Ruinen mancher im Krieg zerstörten Städte rufen ähnliche Worte: »So weit bringt es ein Volk ohne Gott!« Und die Ruinen der Kreuzfahrerfestungen in Israel sprechen ihre eigene Sprache: »Wozu sind Christen fähig, wenn sie die Kraft Gottes mit militärischer und politischer Macht verwechseln? So enden Menschen, die sich Christen heißen und sich widerchristlich verhalten.« Steine können reden. Es lohnt sich, ihre Sprache zu lernen.

Herr, unser Gott!
Nicht nur Menschen,
auch Steine können reden.
Gib uns das Geschick,
die Sprache der Steine
zu verstehen.
Amen.

Die Kraft deines Wortes genügt, dann wird mein Diener gesund.

Lukas 7, 7

Tabgha

Jesus sättigt

Tabgha liegt 3 km südwestlich von Kapernaum am See Genezareth. Der Name kommt vom griechischen Heptapegon = Siebenquellenplatz. Es ist der Ort, an dem die Speisung der Fünftausend, die wunderbare Brotvermehrung vermutet wird. Die »Kirche der Vermehrung« ist eine wiederaufgebaute Querschiffbasilika aus dem 5. Jahrhundert n. Chr. und steht dort, wo eine Kapelle um 400 n. Chr. stand. Interessant sind die Bodenmosaiken (Brot und Fisch hinter dem Altar).

Fotos: Brot im Korb und zwei Fische auf dem Boden der »Kirche der Vermehrung«
Brotzubereitung bei den Arabern (farbig)

Lukas 9, 10-17

Die Apostel kehrten zurück und berichteten Jesus, was sie getan hatten. Da versammelte er sie um sich und zog sich mit ihnen in eine Stadt namens Bethsaida zurück.
Aber die Leute merkten das und gingen ihm nach. Jesus widmete sich ihnen, sprach über Gottes Reich und machte die Kranken, die seiner Hilfe bedurften, gesund.
Inzwischen neigte sich die Sonne zum Untergang. Da kamen die Zwölf zu ihm und baten: »Laß die Menschen doch gehen, damit sie sich in den Dörfern und Gehöften in der Nähe mit Lebensmitteln versorgen können. Wir sind ja hier in einer einsamen Gegend.«
Aber Jesus forderte sie auf: »Gebt doch ihr ihnen zu essen.« Sie antworteten: »Wir haben hier nur fünf Brote und zwei Fische. Oder sollen wir etwa für alle diese Menschen Verpflegung einkaufen?«
Allein an Männern waren etwa 5 000 beisammen.
Jesus befahl seinen Jüngern: »Laßt sie sich in Gruppen zu etwa fünfzig Menschen niedersetzen.«
Sie gehorchten. Alle ließen sich nieder.
Jesus nahm die fünf Brote und die zwei Fische in die Hände, blickte zum Himmel auf, dankte Gott, brach sie auseinander und gab sie seinen Jüngern zur Verteilung unter die Leute.
Und alle aßen und wurden satt.
Die Reste wurden gesammelt. Sie füllten noch zwölf Körbe.

Das Neue Testament erzählt sowohl von einer Speisung der Fünftausend wie der Viertausend. Der jüdische Dichter Schalom Asch hat in seinem schönen Jesus-Roman »Der Nazarener« dieses Wunder *menschlich* erklärt: durch die Predigt Jesu wird die Nächstenliebe erweckt, so daß alle alles miteinander teilen und jeder satt wird.

Schalom Ben-Chorin

Aller Augen warten auf dich, und du gibst ihnen ihre Speise zur rechten Zeit. Du tust deine Hand auf und sättigst alles, was lebt, nach deinem Wohlgefallen. *Psalm 145, 15-16*

Und der Herr sprach zu Mose: Ich habe das Murren der Kinder Israel gehört. Sage ihnen: Gegen Abend sollt ihr Fleisch zu essen haben und am Morgen von Brot satt werden und sollt innewerden, daß ich, der Herr, euer Gott bin.
Und am Abend kamen Wachteln herauf und bedeckten das Lager. Und am Morgen lag Tau rings um das Lager. Und als der Tau weg war, siehe, da lag's in der Wüste rund und klein wie Reif auf der Erde. Und als es die Kinder Israel sahen, sprachen sie untereinander: Man hu (= Was ist das)? Denn sie wußten nicht, was es war. Mose aber sprach zu ihnen: Es ist das Brot, das euch der Herr zu essen gegeben hat.

2. Mose 16, 11-15

Menschen haben Hunger. Das ist das Natürlichste auf der Welt. Wer Hunger hat, kauft sich Brot oder baut Brot an, damit er immer zu essen hat, oder er erbittet Brot von dem, der Brot hat.

Jesus gibt den Jüngern den Auftrag: »Gebt doch ihr ihnen zu essen!« Und dieser Auftrag bleibt. Bis heute. Wer hungert, soll Brot bekommen. Von Jesu Jüngern. Im Auftrag Jesu. Das Erstaunliche geschieht: Wer im Namen Jesu wenig Brot verteilt, verteilt trotzdem genug. »Unter der Hand« werden Brot und Fisch mehr. »Unter der Hand«, das heißt »unter den gefalteten Händen«, »unter betenden Händen« werden alle satt. Und volle Körbe bleiben übrig, so daß man weiter verteilen kann.
Die Jünger verteilen Brot und Fisch. Das ist die Nahrung am See Genezareth. Das ist das tägliche Brot der Menschen in Galiläa. Wie an vielen Stellen des Neuen Testaments werden auch hier die Worte und Begriffe durchsichtig, transparent für andere Wirklichkeiten. Brot: Jesus sagt: »Ich bin das Brot des Lebens.« Fisch: Die Christen erkennen sich in dem Fisch im Wasser. Brot und Fisch werden zu Symbolen für Jesus und seine Gemeinde. In den Katakomben Roms entdeckte man Fischzeichen, die den Weg zum geheimen Versammlungsort der Christen wiesen. Fisch heißt auf griechisch ICHTHYS. Schon früh zerlegten die Christen dieses Wort und sahen darin mehr: I = Jesus, CH = Christus, TH = Theou (Gottes), Y = Yios (Sohn), S = Soter (Retter). Der Fisch ist das Bekenntnis der Christen zu Jesus.

Die Art, in der Jesus Brot und Fisch weitergibt, ist für uns heute auch bedeutsam. Der Berichterstatter sieht beim Erzählen dieser Geschichte die vielen Christen vor sich, die Sonntag für Sonntag das Mahl des Herrn halten. »Jesus nahm die fünf Brote und die zwei Fische in die Hände, blickte zum Himmel auf, dankte Gott, brach sie auseinander und gab sie seinen Jüngern zur Verteilung unter die Leute.« Wem fallen da nicht die Einsetzungsworte Jesu zum Abendmahl ein? Und wem fällt nicht ein, daß Jesus beim Mahl am See Genezareth nach der Auferstehung Brot und Fisch bereitlegt? Die Jünger erkennen ihn daran. Nicht nur Brot und Wein, auch Brot und Fisch sind Erkennungszeichen der Christen.

Obwohl der Mensch nicht vom Brot allein lebt, braucht er Brot. Obwohl der Mensch Brot braucht, lebt er nicht nur davon. Manchmal mag der Hunger nach Gottes Wort den Hunger nach Brot vergessen lassen. Wir vergessen nicht, warum die Leute Jesus nachgefolgt sind, warum sie in Not geraten sind: Sie wollten ihn hören, ihn, das Brot des Lebens.

Herr, unser Gott!
Schick uns einen Hunger
nach deinem Wort,
damit wir an uns dein Wunder erleben.
Du stillst ewigen Hunger.
Amen.

Alle aßen und wurden satt.

Lukas 9, 17

Cäsarea Philippi

Jesus fordert heraus

Dieser Ort heißt heute Baniyas, früher Paneas. Im nördlichsten Teil der Golanhöhen, am Fuße des Hermon und an der antiken Handelsstraße von Akko nach Damaskus gelegen. Heute hat der Ort etwa 200 Einwohner. Herodes der Große (37-4 v. Chr.) errichtete dort für Augustus einen Marmortempel. Sein Sohn Philippus (der Vierfürst) erhob Paneas zur Hauptstadt und nannte sie Cäsarea Philippi. Titus feierte dort 70 n. Chr. seinen Sieg über Jerusalem. Eine der drei Jordanquellen entspringt in einer Grotte, die die Griechen dem Gott der Hirten und Herden (= Pan) geweiht hatten (Pan = Paneas = Baniyas).

Fotos: Das Heiligtum Baniyas
Der Oberlauf des Jordan (farbig)

Lukas 9, 18-22

Später war Jesus wieder einmal in die Einsamkeit gegangen, um zu beten. Nur seine Jünger waren bei ihm.
Jesus stellte ihnen die Frage: »Für wen halten mich eigentlich die Leute?«
Die Jünger erwiderten: »Für Johannes den Täufer, andre für Elia, noch andre meinen, daß einer der alten Propheten wiedererstanden sei.«
Jesus fragte sie: »Für wen haltet ihr mich?«
Petrus gab zur Antwort: »Für den Christus Gottes.«
Sofort ermahnte Jesus sie streng, das noch niemand zu verraten, mit der Begründung: »Es ist der Auftrag des Menschensohns, noch viele Schmerzen auf sich zu nehmen, von den Ältesten, Hohepriestern und Schrifttheologen abgelehnt zu werden, sich töten zu lassen und am dritten Tag wieder aufzuerstehen.«

Es handelt sich hier um eine echte Frage Jesu, der im Dialog mit den Jüngern sich seiner eigenen Sendung klar wird. Bemerkenswert ist, daß zur Zeit Jesu im Judentum offenbar der Glaube an die Wiederverkörperung (Seelenwanderung) lebendig war. Elia ist zwar gen Himmel gefahren und kann daher wiederkommen, aber andere Propheten sind gestorben und wurden trotzdem in anderen Personen wieder erwartet.

Schalom Ben-Chorin

Gott ist unsre Zuversicht und Stärke,
eine Hilfe in den großen Nöten, die uns getroffen haben.
Darum fürchten wir uns nicht, wenngleich die Welt unterginge
und die Berge mitten ins Meer sänken,
wenngleich das Meer wütete und wallte
und von seinem Ungestüm die Berge einfielen.
Dennoch soll die Stadt Gottes fein lustig bleiben
mit ihren Brünnlein,
da die heiligen Wohnungen des Höchsten sind.
Gott ist bei ihr drinnen, darum wird sie fest bleiben;
Gott hilft ihr früh am Morgen.

Psalm 46, 1-6

Dennoch bleibe ich stets an dir;
denn du hältst mich bei meiner rechten Hand,
du leitest mich nach deinem Rat
und nimmst mich am Ende mit Ehren an.
Wenn ich nur dich habe,
so frage ich nichts nach Himmel und Erde.
Wenn mir gleich Leib und Seele verschmachtet,
so bist du doch, Gott, allezeit meines Herzens Trost und
mein Teil.

Psalm 73, 23-26

Cäsarea Philippi ist der äußerste Ort im Norden Galiläas zwischen dem Besatzungsgebiet des Herodes und des Philippus. Dieser Grenzort zwingt Wanderer zur Umkehr, er nötigt zur Klärung und Entscheidung. Die Griechen weihten dem Gott Pan (Baniyas) eine der Jordanquellen. Hier, am Ort eines fremden Gottes, fragt Jesus seine Jünger: »Für wen halten mich eigentlich die Leute?« In einer götterreichen Welt, voll von Göttern des Wohlstands und der Fruchtbarkeit, des Fortschritts und der Sexualität, fragt Jesus zu allen Zeiten: »Welchen Platz räumt ihr mir ein?«

Die Leute sehen in Jesus vielerlei. Das war schon immer so. Das ist immer so. Das wird immer so sein. Johannes der Täufer, Elia, ein Prophet, ein Revolutionär, ein Wundertäter, ein Wanderprediger, ein Phantast, ein Utopist. Die Leute meinen viel. Viel und vielerlei. *Eines* ist nur wichtig.

Petrus spricht dieses Eine stellvertretend für die Jünger und für alle Christen aller Zeiten aus: »Du bist der Christus Gottes!« Damit fällt er eine Entscheidung. Er sagt nicht: Prophet, obwohl Jesus ein Prophet ist. Er sagt nicht: Revolutionär, obwohl Jesus alles umkrempelt. Er sagt: Christus, und er sagt damit ein umfassendes Bekenntnis, das die Herkunft Jesu von Gott benennt und die Aufgabe Jesu bestimmt: für Gott und für die Menschen dazusein, die Brücke zwischen Gott und den Menschen zu schlagen.

Jesus selber sagt nicht, wer er ist. Er läßt es die Jünger sagen. Das ist bezeichnend und bedeutsam. Immer wird es so sein: Es liegt immer am Bekenntnis der Jünger zu Jesus. Von Jesus selber erfahren wir keine Stellungnahme. Es liegt immer am Verhältnis der Jünger zu Jesus. Es liegt immer an unserem Bekenntnis.
Dies ist wahrer, weil unbeweisbarer Glaube. Dies ist Glaube auf Hoffnung, wahrer Christenglaube.

So ist es: Jesus sagt auch heute nicht selber, wer er ist. Es liegt an unserem Bekenntnis. Und heute fragt uns auch nicht Jesus. Heute fragen uns Christen und Nichtchristen, Gleichgültige und Engagierte, Abtrünnige und Fromme, ernsthaft Suchende und Fragende: »Wer ist eigentlich Jesus?« Was antworten wir? Wir können in keinem Bekenntnis den ganzen Jesus erfassen. Kein Bekenntnis umgreift alles, was und wer und wie Jesus ist. Darum kann und darf kein Bekenntnis hinter den »Christus Gottes« zurückfallen. Jedes Bekenntnis, das wir sprechen, muß offen sein für den ganzen Christus.

Herr, unser Gott!
Uns ist mit einem Revolutionär
und einem Wundertäter nicht geholfen.
Du hast uns Jesus Christus geschickt,
der die Brücke von dir zu uns geschlagen hat.
Hab Dank dafür.
Amen.

Jesus fragte sie:
»Für wen haltet ihr mich?«
Petrus gab zur Antwort:
»Für den Christus Gottes.«

Lukas 9, 20

Jericho

Jesus macht sehend

Jericho (arabisch: Er-Riha) liegt 20 km nordöstlich von Jerusalem, 250 m unter dem Meeresspiegel. Es hat mildes Klima und subtropische Pflanzen. Mit heute 40 000 Einwohnern ist es wohl eine der ältesten Städte der Erde. Alt-Jericho wurde bei Ausgrabungen von Überresten einer Siedlung aus dem 10. Jahrtausend v. Chr. gefunden. In der Nähe ist der Berg der Versuchung und die Taufstelle Jesu im Jordan. — Im Alten Testament: Eroberung durch die Israeliten (Josua 6, 15-16; dazu auch Richter 3, 13).

Fotos: Jericho; im Vordergrund: verlassene Flüchtlingslager;
im Mittelgrund: Alt-Jericho; im Hintergrund: Jericho heute
Einfache arabische Siedlung (farbig)

Lukas 18, 35-43

In der Nähe von Jericho saß ein blinder Bettler am Wegrand, als Jesus in die Nähe kam. Der Blinde hörte, wie viele Leute vorbeiliefen, und fragte nach dem Anlaß. Sie riefen ihm zu, Jesus, der Nazoräer, komme vorbei.
Da schrie er: »Jesus, Sohn Davids, hab Mitleid mit mir!«
Einige, die Jesus vorausgingen, herrschten ihn an, er solle schweigen.
Aber er schrie nur noch viel lauter: »Sohn Davids, hab doch Mitleid mit mir!«
Jesus blieb stehen und ließ ihn zu sich führen. Dann fragte er ihn: »Was möchtest du von mir?«
Der Blinde antwortete: »Herr, ich möchte gern sehen.«
Jesus sprach zu ihm: »Mach deine Augen auf! Dein Vertrauen hat dich gerettet.«
Sofort konnte er sehen.
Darauf ging er mit Jesus und rühmte Gottes Größe.
Und alle Leute, die das miterlebten, priesen Gott.

Lukas 19, 1-10

Jesus kam dann nach Jericho und zog durch die Stadt.
Dort befand sich ein hoher Zollbeamter namens Zachäus. Der war reich. Er wollte gern sehen, wer dieser Jesus sei. Aber er war klein von Gestalt, und so versperrten ihm die Leute die Sicht. Da lief er voraus und kletterte auf einen Maulbeerbaum an einer Stelle, wo Jesus vorbeikommen mußte. Von dort oben wollte er ihn sehen.
Als Jesus dahin kam, blickte er hinauf und sprach ihn an: »Zachäus, komm schnell herunter! Ich möchte heute in deinem Haus essen.«
Zachäus kletterte sofort herunter. Voll Freude nahm er Jesus bei sich auf.
Die Zuschauer schimpften alle, daß Jesus bei einem solchen Erpresser einkehren wollte.
Aber als Zachäus vor Jesus stand, versicherte er: »Herr, die Hälfte meines Besitzes werde ich den Armen geben, und wen ich erpreßt habe, dem zahle ich es vierfach zurück.«
Darauf erklärte ihm Jesus: »Heute ist diesem Haus Rettung zuteil geworden. Auch du bist ja ein Sohn Abrahams. Der Menschensohn ist gekommen, die verlorenen Menschen zu suchen und zu retten.«

In Jericho beginnt mit Josua die eigentliche Eroberung des Landes der Verheißung unter Eingreifen des göttlichen Beistands. So soll auch der Siegeszug Jesu mit Jericho verbunden werden. Jesus und Josua sind im Hebräischen eigentlich derselbe Name, so daß Jesus gerade in Jericho als der neue Josua erscheint. *Schalom Ben-Chorin*

Lobe den Herrn, meine Seele,
und was in mir ist, seinen heiligen Namen!
Lobe den Herrn, meine Seele,
und vergiß nicht, was er dir Gutes getan hat:
der dir alle deine Sünde vergibt
und heilet alle deine Gebrechen,
der dein Leben vom Verderben erlöst,
der dich krönet mit Gnade und Barmherzigkeit. *Psalm 103, 1-4*

Barmherzig und gnädig ist der Herr,
geduldig und von großer Güte.
Er handelt nicht mit uns nach unsern Sünden
und vergilt uns nicht nach unsrer Missetat.
Denn so hoch der Himmel über der Erde ist,
läßt er seine Gnade walten über denen, die ihn fürchten.
So fern der Morgen ist vom Abend,
läßt er unsere Übertretungen von uns sein.
Wie sich ein Vater über Kinder erbarmt,
so erbarmt sich der Herr über die, die ihn fürchten.
Psalm 103, 8. 10-13

»Herr, ich möchte gern sehen!« Das ist der Wunsch vieler Menschen. Und es ist im Sinne dieser Geschichte, wenn wir diesem Wunsch eine doppelte Bedeutung geben. Es gibt heute viele körperlich Blinde, gerade auch im Orient, die sehend werden wollen. Sie sind angewiesen auf Hilfe von Ärzten und Schwestern — und auf ihre Angehörigen. Es gibt viele geistlich Blinde, die auf Gottes Boten, auf Missionare warten. Sie wollen sehend werden: ihr Leben besser sehen, die Menschen besser erkennen, Gott glauben können. Der Ruf »Herr, ich möchte gern sehen!« hält heute noch Tausende von Christen mit Wort und Tat im Dienst des Wohls und des Heils auf der ganzen Erde in Atem.

Jesus heilt diesen körperlich Blinden. Nicht alle Blinden heilt er. Damals nicht und heute nicht. Hier macht Jesus modellhaft deutlich, daß er selber das Licht der Welt und damit ein Feind der Dunkelheit ist. Er will um die Menschen her Licht machen. Menschen, die solche Wunder erfahren — auch heute und heute oft durch ärztliche Kunst —, rühmen Gottes Größe. Jesu Tun soll Menschen das Licht im Dunkel zeigen und zum Glauben und Loben anregen.

Jesus heilte diesen geistlich blinden Zöllner Zachäus. Er zeigt damit, daß er nicht nur *um* den Menschen, sondern auch *in* den Menschen Licht machen will. Es gibt für Jesus keinen Menschen, in dem es zu dunkel ist. Sein Licht ist stärker als alle Dunkelheit. Diesen vertrauensunwürdigen, diesen abgeschlagenen, ausgestoßenen, in die eigene Tasche wirtschaftenden Zollbeamten nimmt Jesus ernst. Und so wird Zachäus selber zum Lichtträger für die ganze Familie (»Heute ist diesem Haus Rettung zuteil geworden«) und für die Umwelt (»Die Hälfte meines Besitzes werde ich den Armen geben«).

Beide Blinden heilt Jesus vor dem Einzug in Jerusalem. Beiden tut Jesus die Augen auf. Nur wer sich von Gott die Augen öffnen läßt, versteht, was in Jerusalem zwischen Palmsonntag und Ostern geschieht. Nur wer mit wachen Augen, ohne Schleier vor dem Gesicht das sieht, was durch Jesus und an Jesus geschieht, wird die Bedeutung Jesu für

uns Menschen einsehen. Nur wer sich durch keine Ideologie oder Anthropologie den Blick für Jesus verstellen läßt, wird *in* dem Weg Jesu in den Tod zugleich den Weg Jesu *aus* dem Tod erkennen. Nur wer sich durch niemand Sand in die Augen streuen läßt, wird auch das entdekken, was wir im Namen Jesu an Menschen tun müssen, was Menschen brauchen und von uns erwarten.
»Jesu, gib gesunde Augen!«

Herr, unser Gott!
Wir sind Blinde
und sehen nicht das,
was Menschen um uns brauchen,
und nicht das,
was du für uns getan hast und tust.
Öffne unsere Augen,
auch für den Weg nach Jerusalem.
Amen.

Jesus sprach zu ihm:
»Mach deine Augen auf!
Dein Vertrauen
hat dich gerettet.« Lukas 18, 42

Jerusalem

Jesu Einzug

Jerusalem (hebräisch: Yerushalajim; arabisch: El-Kuds) ist mit etwa 300 000 Einwohnern die Hauptstadt Israels und seit etwa 4000 Jahren besiedelt. Die Altstadt ist in ein christliches, ein jüdisches, ein armenisches und ein mohammedanisches Viertel geteilt. Das einstige Tor zum Tempelplatz (byzantinisch) in der Ostmauer ist das sogenannte »Goldene Tor«. Es wurde von den Türken zugemauert, weil Juden und Christen die Ankunft bzw. Wiederkunft des Messias durch dieses Tor erwarten. Hier geschah wohl auch der Einzug Jesu.

Fotos: Jerusalem mit dem Tempelplatz; im Vordergrund das (zugemauerte) Goldene Tor
Eine Palmsonntagsprozession durch das Stephanustor (farbig)

Lukas 19, 29-44

In der Nähe von Bethphage und Bethanien, beim Ölberg, schickte er zwei Jünger voraus mit der Anordnung: »Geht in das Dorf da vorn. Ihr findet gleich beim Hineinkommen einen jungen Esel angebunden. Auf dem ist noch kein Mensch geritten. Macht ihn los und bringt ihn her. Und wenn euch jemand fragt, warum ihr das tut, dann antwortet einfach: ,Der Herr braucht ihn.'«
Die beauftragten Jünger wanderten voraus und fanden alles, wie Jesus es ihnen gesagt hatte. Als sie den jungen Esel losbanden, fragten seine Besitzer: »Warum nehmt ihr das Tier weg?« Sie gaben Auskunft: »Der Herr braucht es.«
Dann führten sie den Esel zu Jesus. Sie legten ihre Mäntel auf das Tier und hoben Jesus hinauf. Als er losritt, breiteten sie Kleider auf dem Weg aus.
Er näherte sich dem Abhang des Ölbergs. Da begannen alle Jünger, miteinander in Freudenrufe auszubrechen und mit lauter Stimme Gott zu preisen wegen aller Wundertaten, die sie miterlebt hatten. Sie riefen: »Heil dem König, der kommt im Namen des Herrn. Friede im Himmel und Herrlichkeit in der Höhe!«
Ein paar Pharisäer aus der Menge forderten Jesus auf: »Meister, bring doch deine Jünger zum Schweigen.«
Jesus gab zur Antwort: »Ich sage euch, wenn sie schweigen, dann schreien die Steine.«
Als Jesus näher gekommen war, richtete er seine Augen auf Jerusalem. Er weinte um die Stadt mit den Worten: »Wenn doch auch du heute erkennen wolltest, was zum Frieden notwendig ist. Aber es ist jetzt noch vor deinen Augen verborgen. Es kommt für dich die Zeit, wo deine Feinde einen Wall um dich aufführen und dich von allen Seiten einschließen und bedrängen. Sie werden dich und deine Einwohner vernichten und keinen Stein auf dem andern lassen, weil du die rechte Zeit, in der Gott gütig auf dich blickte, nicht erkannt hast.«

Ist der Einzug Jesu in Jerusalem Siegeszug oder Opfergang? Wohl beides. Siegeszug durch Opfergang. Im Hintergrund dieser Erzählung stehen Prophezeiungen des Propheten Sacharja, so daß wir hier von einem Sacharja-Midrasch im Sinne rabbinischer Auslegung sprechen können. Das wird bei Matthäus 21, 1-13 noch deutlicher, da er als Judenchrist der Methode des Midrasch näher war als der Heide Lukas.

Schalom Ben-Chorin

Du, Tochter Zion, freue dich sehr, und du, Tochter Jerusalem, jauchze! Siehe, dein König kommt zu dir, ein Gerechter und ein Helfer, arm und reitet auf einem Esel, auf einem Füllen der Eselin.

Sacharja 9, 9

»Der Herr braucht ihn!« sollen die Jünger sagen. Und der, den der Herr braucht, ist ein Esel. Nicht mehr, aber auch nicht weniger als ein Esel. Der Esel ist das Reittier der armen Leute, das Arbeits- und Lasttier, auch heute noch. Jesus braucht einen Esel, um mit ihm in Jerusalem einzureiten, um als unköniglicher König, als armer Herr, als unscheinbarer Meister ans Ziel zu kommen, um damit aber sich und Gott treu zu bleiben.

Die Jünger sind voller Erwartung und Freude. Auch für sie kommt das Ziel ihres Sehnens, Hoffens und Glaubens. »Jesus zieht in Jerusalem ein!« Und wenn schon niemand den roten Teppich auslegt: sie legen einen bunten Teppich aus vielen Kleidern (und einen grünen Teppich aus Zweigen — nach Matthäus). Wenn schon kein Sattel da ist: Ein Mantel tut's auch. Und wenn schon der König von seinem Volk nicht gebührend begrüßt wird, dann rufen sie eben selber, was sie einst von ihren Eltern und in der Synagoge von der Ankunft des Messias gelernt haben: »Heil dem König, der kommt im Namen des Herrn! Friede im Himmel und Herrlichkeit in der Höhe!« Die Jünger sind voller Glauben: Der Messias ergreift die Macht in Jerusalem. Das Reich Gottes beginnt. — Und es beginnt. Aber ganz anders.

Die Jünger loben Gott »wegen aller Wundertaten«. Sie wissen: Gott ist es, der den Messias schickt. Wer Gott lobt, liebt Gott, lebt aus Gott und lebt von dem, was dieser Gott tut. Auch wenn Gott ganz anders handelt als erwartet, wird der ihn Lobende dies aus seiner Hand nehmen. Selbst wenn es schwerfällt. Und es fällt den Jüngern schwer, die nächsten Tage aus Gottes Hand zu nehmen, als Gottes Weg anzusehen, in diesem Weg nun wirklich das Ziel und nicht irgendein Ende zu erkennen. Wem fällt das nicht schwer?

Jesus ruft sein Wehe über Jerusalem. Es werden harte Zeiten über Jerusalem kommen, bis zur totalen Vernichtung. Die Stadt des Friedens (= Yerushalajim) soll erkennen, was zum wahren Frieden nötig ist.

4 20

Und sie erkennt es — noch nicht. Ist diese Stadt anders als andere Städte? Sind nicht alle Städte, ob zerstört oder intakt, ob alt oder neu, ob groß oder klein, angewiesen auf den Lockruf Jesu: »Wenn doch auch du heute erkennen wolltest, was zum Frieden notwendig ist!«?

Herr, unser Gott!
Laß uns erkennen,
was zu unserem Frieden,
zu unserer Familien Frieden,
zu aller Welt Frieden dient.
Laß uns das mitbedenken,
was Jesus zum Frieden
beigetragen hat.
Amen.

»Wenn doch auch du heute erkennen wolltest, was zum Frieden notwendig ist.« Lukas 19, 42

Jerusalem

Jesu Abendmahl

Auf dem Berg Zion wird heute das Grab Davids vermutet. Der Abendmahlsraum Jesu (Coenaculum) wird über diesem Grab im Obergeschoß eines mittelalterlichen Gebäudes gezeigt. Es ist ein zweischiffiger Saal mit drei Jochen und kreuzförmigen Rippengewölben (aus dem 12. Jahrhundert). Er ist über eine Außentreppe erreichbar.

Fotos: Der Berg Zion in Jerusalem, auf dem der Abendmahlsraum gelegen haben mag
Passahfeier im heutigen Israel (farbig)

Lukas 22, 7-23

Als das Fest kam, an dem man das Passahlamm schlachtete, schickte Jesus Petrus und Johannes voraus. Er trug ihnen auf: »Geht und richtet uns das Passahmahl.«
Sie fragten ihn: »Wo möchtest du es vorbereitet haben?«
Jesus gab ihnen zur Antwort: »Merkt euch, wenn ihr in die Stadt kommt, begegnet euch ein Mann mit einem Wasserkrug auf der Schulter. Geht ihm nach in das Haus, in das er eintritt. Sagt dort dem Hausbesitzer: ‚Der Meister läßt dich fragen, wo der Raum ist, in dem er mit seinen Jüngern das Passahmahl halten kann.' Er zeigt euch dann oben ein großes, mit Kissen ausgelegtes Zimmer. Dort bereitet alles vor.«
Sie gingen voraus und fanden alles, wie er es ihnen beschrieben hatte. Dort sorgten sie für das Mahl.
Als es dann Zeit war, ließ Jesus sich in dem Raum nieder und die Apostel mit ihm.
Jesus sagte zu ihnen: »Von Herzen habe ich mir gewünscht, dieses Passahmahl mit euch zu halten, bevor ich leiden muß. Denn ich sage euch, ich werde ein solches Mahl nicht mehr halten, bis es in Gottes Reich seine Erfüllung gefunden hat.«
Und er nahm den Becher in die Hand, dankte Gott und sprach: »Nehmt ihn und teilt unter euch aus. Denn ich sage euch, ich trinke von jetzt an nicht mehr von der Frucht des Weinstocks, bis Gottes Reich da ist.«
Dann nahm er das Brot, dankte Gott, brach es auseinander und gab es ihnen mit den Worten: »Das ist mein Leib, für euch geopfert. Feiert so das Gedächtnis an mich.«
Ebenso gab er ihnen den Becher nach dem Mahl mit den Worten: »Dieser Becher ist der neue Bund, der besiegelt wird durch mein Blut. Es wird für euch vergossen.
Schaut her, der Verräter hat seine Hand mit mir auf dem Tisch. Der Menschensohn folgt seiner Bestimmung. Aber wehe dem Mann, durch den er verraten wird.«
Da fingen sie an, sich gegenseitig zu fragen, wer von ihnen denn das tun würde.

Das Letzte Abendmahl Jesu mit seinen Jüngern war ein Seder-Mahl. So wird bis heute dieses Mahl am ersten Abend des Passah-Festes genannt. Die Hauptelemente sind die Mazzoth, die ungesäuerten Brote, und der Wein, von dem vier Kelche getrunken werden. Das Passah-Lamm wird seit der Zerstörung des Tempels in Jerusalem im Jahre 70 n. Chr. nicht mehr gegessen.

Schalom Ben-Chorin

Wenn dich nun dein Sohn morgen fragen wird: Was sind das für Vermahnungen, Gebote und Rechte, die euch der Herr, unser Gott, geboten hat?, so sollst du deinem Sohn sagen: Wir waren Knechte des Pharao in Ägypten, und der Herr führte uns aus Ägypten mit mächtiger Hand; und der Herr tat große und furchtbare Zeichen und Wunder an Ägypten und am Pharao und an seinem ganzen Hause vor unseren Augen und führte uns von dort weg, um uns hineinzubringen und uns das Land zu geben, wie er unseren Vätern geschworen hatte. Und der Herr hat uns geboten, nach all diesen Rechten zu tun, daß wir den Herrn, unseren Gott, fürchten, auf daß es uns wohlgehe unser Leben lang, so wie es heute ist. Und das wird unsere Gerechtigkeit sein, daß wir alle diese Gebote tun und halten vor dem Herrn, unserem Gott, wie er uns geboten hat.

5. Mose 6, 20-25

Jesus will das Passahmahl halten, weil er es gewohnt ist und wie er es gewohnt ist. Und weil er es nicht mit seinen Eltern und Geschwistern feiern kann, hält er es mit seinen Jüngern, die ihm Eltern und Geschwister sind. Zehn bis fünfzehn Personen müssen es sein. Das ist Vorschrift. Jesus hält sich daran. Jesus beseitigt und vernichtet das Alte Testament nicht, sondern er erfüllt es. Darum will Jesus auch das Passahmahl halten.

Warum aber hält Jesus dieses Passahmahl gerade als Abschiedsmahl? Hätte er nicht auch eine andere Mahlzeit als Abschiedsmahl wählen können? Am Passahmahl kann Jesus besonders gut deutlich machen, was sein Auftrag, was seine Absicht war und ist. Essen und Trinken, Brot und Wein sind Elemente, die Jesus aufnimmt und neu deutet. Passahmahl: Mahl der Freiheit noch in der Gefangenschaft (Ägyptens), Mahl der Befreiung gegen den Augenschein. Das Lamm, sein Blut, das ungesäuerte Brot, in Eile gebacken — freudige Erwartung der vom Tod Erretteten, auf dem Sprung, des Abrufs durch Gott, des Abmarsches in die Freiheit gewärtig. Das Mahl ist die letzte Stärkung vor dem Schauen dessen, was der Glaube schon wußte. Und Passahfeier der Juden heute weiß noch etwas von dieser Erwartung auf Befreiung, der Hoffnung auf Freiheit, weiß noch etwas von dieser unbändigen Freude.

Jesus feiert das Passahmahl, indem er sich als das Lamm bezeichnet, das vor dem Tod rettet. Er rettet vom Tod. Das Mahl mit Brot und Wein ist das Mahl der Freiheit in der täglich erlebbaren Gefangenschaft. Es ist das Mahl, das in die Zukunft weist und nicht so sehr in die Vergangenheit, wie es unsere Tradition will. Es ist ein Mahl der Freude über die Errettung und die erhoffte Befreiung und nicht so sehr der Trauer über unsere Sünde und den Tod Jesu, wie wir es noch oft erleben. Es ist ein Mahl der Gemeinschaft, bei dem gemeinsam gegessen und getrunken wird, und nicht so sehr die Speise für den einzelnen. Es ist eine Mahlzeit; und die Christen müssen neu lernen, das Abendmahl als Mahlzeit zurückzugewinnen.

Der Streit um das Abendmahl seit bald zwei Jahrtausenden ist kein Ruhm für die Christen. Ob uns nicht weiterhelfen könnte, wenn wir bedenken würden, daß Jesus ein Passahmahl gehalten hat?

Abendmahlsgemeinschaft garantiert keine reine Gemeinde. In der Mitte der Gemeinde kann der Verräter sitzen. Es ist nun nicht unsere Aufgabe, ihn zu kennzeichnen und auszuscheiden. Das hat sich Jesus selber vorbehalten. Zu gerne wollen wir eine reine Gemeinde, nach unseren Maßen und Vorstellungen. Wie gut, daß Jesus — und sonst niemand — den Verräter benennt.

Herr, unser Gott!
Du deckst uns einen reichen Tisch,
mit Brot und Wein,
mit dem Angebot deiner Liebe
in Jesus Christus,
mit der Aussicht auf ein ewiges Leben bei dir.
Wir danken dir.
Amen.

»Das ist mein Leib,
für euch geopfert.
Feiert so das Gedächtnis
an mich.« Lukas 22, 19

Jerusalem

Jesu Gebet

Gethsemane (gat-sheman = Ölpresse) ist ein Garten am Fuße des Ölbergs, gegenüber dem Goldenen Tor. Der Garten, voll alter Ölbäume, liegt heute neben der »Kirche der Nationen« (1924), die auf den Grundmauern eines byzantinischen Baus (4. Jahrhundert) errichtet ist. Der Garten wird von Franziskanern gepflegt. Die Ölbäume können 2000 Jahre alt sein.

Fotos: Der Ölberg mit Gethsemane und der »Kirche der Nationen«
Der Garten Gethsemane (farbig)

Lukas 22, 39-53

Danach ging Jesus und begab sich wie gewohnt an den Ölberg. Die Jünger folgten ihm. Dort angekommen, wies er sie an: »Betet, damit ihr nicht an mir irre werdet.«
Er selbst entfernte sich ein wenig von ihnen und kniete nieder zum Gebet: »Vater, wenn es möglich ist, erspare mir diesen Becher des Todes. Aber nicht mein Wille, sondern deiner geschehe.«
Da sah man einen Boten vom Himmel zu Jesus kommen, um ihn zu stärken. Denn Angst überkam ihn, und er betete mit allen Kräften des Herzens; sein Schweiß rann auf die Erde wie Blutstropfen.
Als er sich vom Gebet erhob und zu den Jüngern zurückkehrte, sah er, daß sie vor Traurigkeit eingeschlafen waren. Da weckte er sie: »Warum schlaft ihr? Steht auf! Betet, damit ihr nicht an mir irre werdet.«
Er sprach noch, da kam schon eine Schar Leute. Einer von den zwölf Jüngern, namens Judas, ging an ihrer Spitze. Er trat auf Jesus zu, um ihn zu küssen.
Aber Jesus hielt ihn zurück: »Judas, verrätst du den Menschensohn mit einem Kuß?«
Jesu Begleiter sahen, was bevorstand, und drängten: »Herr, sollen wir jetzt mit dem Schwert dreinschlagen?«
Und einer von ihnen griff den Diener des Hohepriesters an und schlug ihm das rechte Ohr ab.
Aber Jesus widersprach: »Laßt das! Genug!«
Dann berührte er das Ohr und heilte es.
Jesus sprach die Hohepriester, Hauptleute der Tempelwache und Ältesten, die dabei waren, an: »Mit Schwertern und Spießen seid ihr ausgezogen, als ob ihr einen Verbrecher fangen müßtet. Jeden Tag war ich unter euch im Tempel. Da habt ihr mich nicht ergriffen. Aber jetzt hat eure Stunde geschlagen. Die Finsternis hat die Übermacht gewonnen.«

Hinter unserem Text verbergen sich zwei jüdische Motive. Wenn Jesus den Vater bittet, daß »dieser Becher« ihm erspart werde, so betet er in Fortsetzung der Seder-Feier, bei der vier Becher Vorschrift sind. Der fünfte Becher aber ist der messianische und zugleich hier der Becher der Leiden.
Der Kuß des Judas hängt mit der Vorstellung zusammen, daß der Gerechte im Kusse Gottes stirbt. Auch der Böse kann so ungewollt ein Bote und Zeichen Gottes sein. *Schalom Ben-Chorin*

Hilf mir, Gott, durch deinen Namen
und schaffe mir Recht durch deine Kraft.
Gott, erhöre mein Gebet,
vernimm die Rede meines Mundes.
Denn Stolze erheben sich gegen mich,
und Gewalttäter trachten mir nach dem Leben;
sie haben Gott nicht vor Augen.
Siehe, Gott steht mir bei,
der Herr erhält mein Leben.
Er wird die Bosheit meinen Feinden vergelten.
Vertilge sie um deiner Treue willen!
So will ich dir ein Freudenopfer bringen
und deinen Namen, Herr, preisen,
daß er so tröstlich ist.
Denn du errettest mich aus aller meiner Not,
daß mein Auge auf meine Feinde herabsieht. *Psalm 54, 3-9*

Wer ist wohl Zeuge des Gebets Jesu in Gethsemane, da doch alle Jünger schlafen? Die Antwort ist kurz: Jesus selbst, und zwar mit seinem ganzen Leben. Das Ergebnis der Gebetsstunde in Gethsemane ist konsequent das Ergebnis des ganzen Lebens Jesu. Seine Ergebung in Gottes Willen ist Bestandteil seines Lebens. Lukas weiß vom zwölfjährigen Jesus zu berichten: Dort mußte er sein, wo sein Vater ist. In der Taufe liefert sich Jesus seinem Vater aus. Und seine Jünger lehrt er beten: »Dein Wille geschehe!« Aus vielen Gesprächen mit seinem Vater kehrt Jesus gestärkt zu seinen Jüngern zurück. Am Kreuz befiehlt sich Jesus hörbar für andere in Gottes Hände. Sollte in diesem zeugenlosen Gebet in Gethsemane, aus dem Jesus mit der klaren Bereitschaft zum Sterben hervorgeht, etwas anderes geschehen sein?

Jesus betet: »Dein Wille geschehe!« Sein Gebet wird zum Hinweis darauf, daß wir im Gebet von Gott nichts erzwingen sollen. Gottes Wille soll geschehen, auch durch uns. Nicht unser Wille soll durch Gott geschehen.

Wachen und beten, das heißt: offene Augen für die Wirklichkeit dieser Welt haben und mit Gott im Gespräch bleiben. Nur so können Christen zu allen Zeiten bestehen. Offen für die Welt und offen für Gott: Nur so können Christen die Schwierigkeiten durchstehen, die sie in der Welt befallen. Nicht die Augen schließen, schlafen und alles über sich ergehen lassen, sondern aktiv im Leiden sein. Das lernen Christen von Jesus.

Wie nahe Liebe und Haß, Zuneigung und Abwendung beisammen sein können, zeigt die Handlungsweise des Judas. Sein Kuß, das Zeichen der Liebe, wird zum Signal für die Häscher: »Den greift!« Judas zeigt mit seinem Handeln, daß selbst Feinde Jesu von ihm nicht loskommen. Der Selbstmord des Judas bestätigt das.

Mit der Gefangennahme Jesu beginnt der Prozeß, der bis heute die Welt beschäftigt. Und manche sagen, er sei noch nicht zu Ende: Augustus oder Christus, der Mensch oder Gott! Das Leben Jesu scheint dem Ende zuzugehen. Die Jünger aller Zeiten brauchen Kraft, um hier nicht das Ende Jesu zu sehen, sondern den Anfang einer neuen Zeit. Das Wort Jesu: »Aber jetzt hat eure Stunde geschlagen!« heißt doch: »Meine Zeit ist gekommen!« Um dieses Wort Jesu richtig zu verstehen, ist Glaube nötig, um den wir bitten müssen.

Herr, unser Gott!
Wenn deine Zeit gekommen ist,
hat unsere Stunde geschlagen.
Dann sind wir am Ende.
Laß das Leiden Jesu uns zum Segen werden.
Amen.

»Betet, damit ihr nicht an mir irre werdet.« Lukas 22, 46

Jerusalem

Jesu Kreuzweg

Die via dolorosa (Schmerzensstraße, der Weg zum Kreuz) ist, wie man annimmt, der Weg Jesu vom Tempelplatz zur Schädelstätte, dem Ort der Kreuzigung. Vierzehn Stationen sind markiert. Allerdings: Das heutige Straßenpflaster liegt viele Meter über dem zur Zeit Jesu. Die Straße läuft nur ungefähr wie damals, und die Stationen wurden erst in den letzten Jahrhunderten lokalisiert. An der V. Station übernahm Simon von Kyrene das Kreuz. An der VIII. Station gedenkt man des Gesprächs Jesu mit den Frauen.

Fotos: Die IV. Station liegt in einer Krypta auf der Höhe der alten Straße.
Hier soll Maria gestanden haben
Eine Karfreitagsprozession durch die via dolorosa (farbig)

Lukas 23, 26-32

Als sie Jesus zur Kreuzigung hinausführten, hielten sie unterwegs einen namens Simon von Kyrene an. Er kam gerade vom Feld her. Sie luden ihm das Holzkreuz auf die Schultern und ließen es ihn Jesus nachtragen.
Viele Menschen liefen hinterher; auch Frauen, die Jesus laut bejammerten und beklagten.
Jesus drehte sich zu ihnen um und sagte: »Frauen aus Jerusalem, weint nicht um mich. Weint um euch selbst und um eure Kinder. Es kommt die Zeit, in der man sagen wird: ‚Glücklich sind die Unfruchtbaren, die Frauen, die keine Kinder geboren und gestillt haben.' Dann wird man zu den Bergen sagen: ‚Stürzt über uns zusammen!' Und zu den Hügeln: ‚Deckt uns zu!'
Denn wenn man das schon am frischen Holz tut, was wird dann erst am vertrockneten geschehen?«
Man führte auch zwei Verbrecher mit Jesus zur Hinrichtung.

Lukas, der die Rolle der Frauen immer unterstreicht, berichtet hier von der Klage der Töchter Jerusalems. Es handelt sich dabei um einen Brauch, der im Talmud berichtet wird: Die Frauen Jerusalems reichten den zum Tode Verurteilten einen Becher Weins mit Weihrauch, um ihre Sinne zu benebeln. Nach Markus 15, 23 weist Jesus dieses Narkotikum zurück, wie er auch in unserem Text die Klageweiber abweist.

Schalom Ben-Chorin

Alle unsere Feinde reißen ihr Maul auf über uns.
Wir werden gedrückt und geplagt mit Schrecken und Angst.
Wasserbäche rinnen aus meinen Augen über den Jammer
der Tochter meines Volks.
Meine Augen fließen und können's nicht lassen,
und es ist kein Aufhören da,
bis der Herr vom Himmel herabschaut und darein sieht.
Mein Auge macht mir Schmerz wegen all der Töchter
meiner Stadt.
Meine Feinde haben mich ohne Grund gejagt wie einen Vogel.
Sie haben mein Leben in der Grube zunichte gemacht
und Steine auf mich geworfen.
Wasser hat mein Haupt überschwemmt;
da sprach ich: Nun bin ich verloren.
Ich rief aber deinen Namen an, Herr, unten aus der Grube,
und du erhörtest meine Stimme:
»Verbirg deine Ohren nicht vor meinem Seufzen und Schreien!«
Du nahtest dich zu mir, als ich dich anrief, und sprachst:
Fürchte dich nicht!

Klagelieder Jeremias 3, 46-57

Der Weg zum Kreuz ist ein Weg mit dem Kreuz. Es ist ein langer Weg durch das hügelige Jerusalem zum Richtplatz. Jesus trägt zunächst sein Kreuz, das heißt den Querbalken des Kreuzes, der an der Richtstätte auf den Längsbalken aufgesetzt wird. Aber auch dieser Querbalken ist schwer genug, zu schwer für einen geschundenen, geschlagenen Mann.

Der Weg zum Richtplatz ist eine wahre »via dolorosa«, eine Straße voller Schmerzen. Die mitfolgenden Frauen erkennen das. Die Soldaten wissen es auch. Aber es soll offenkundig werden, daß das Leben dieses Mannes jetzt zu Ende ist. Der Weg soll ein Schmachweg werden, ein Weg der Abscheu, der Warnung: »So ergeht es jedem, der sich an die Stelle Gottes setzt, der sich selber zum Messias macht.« Er trägt sein Kreuz. Und sagt ja dazu.

Jesus schafft es nicht mehr. Simon von Kyrene, ein Festpilger, wird zum Kreuztragen gezwungen. Das bedeutet für ihn: unrein sein, nicht teilnehmen am großen Fest, ausgestoßen sein, auf gleicher Stufe stehen mit Jesus. Simon von Kyrene trägt gezwungen das Kreuz, beschäftigt sich so mit dem, der am Kreuz sterben wird, und kommt von dem Mann am Kreuz nicht mehr los. Simon von Kyrene wird ein überzeugter Christ. Und seine Söhne auch. Er will im Kraftfeld des Gekreuzigten bleiben. Er weiß sich hier geborgen. Aber — das alles geschah erst später. Jetzt ärgert er sich am Kreuz.

Simon von Kyrene und viele andere sind eine Illustration zu dem Wort Jesu: »Wer nicht sein Kreuz auf sich nimmt und mir nachfolgt, der ist meiner nicht wert.«

Viele Menschen ziehen mit Jesus hinaus zum Richtplatz: aus Neugier, aus Schadenfreude, aus Sensationslust, aus Mitleid. Auch Frauen sind darunter. Jesus bleibt seiner Haltung zu den Menschen treu bis zum bitteren Ende. Er weist von sich weg: »Weint um euch selbst!« Jesus hat

Gedanken für seine Mitmenschen, obwohl er der Gedanken anderer so bedürftig ist. Damit zeigt er wieder, wie auch der Weg zum Kreuz seinen Sinn im Wert für andere hat. Er geht den Weg nicht um seiner selbst willen. Er geht ihn um all derer willen, die ihn begleiten: aus Neugier, aus Schadenfreude, aus Sensationslust, aus Mitleid. Er geht den Weg ans Kreuz um all derer willen, die sich später noch mit ihm beschäftigen werden, wie immer das auch geschehen mag. Jesu Weg ans Kreuz weist durch das Kreuz hindurch, über das Kreuz hinaus.

Zwei Begleiter Jesu gehen den Weg nicht freiwillig mit. Jesus und die beiden Verbrecher haben denselben Weg. So tief beugt sich Jesus zu uns Menschen, daß er als Gebundener den Weg zum Kreuz mit Verbrechern teilt. Er schämt sich nicht, sich mit ihnen sehen zu lassen. In ihrer Gesellschaft wird seine Mission unterstrichen: Keiner ist so tief gefallen, als daß er nicht von ihm gerettet werden könnte.

Herr, unser Gott!
Jesus ging den harten Weg
eines Verbrechers ans Kreuz.
Seinetwegen wäre ihm dieser Weg
erspart geblieben.
Unsertwegen ging er diesen Weg.
Hab Dank dafür.
Amen.

Sie luden Simon von Kyrene
das Holzkreuz auf die Schultern
und ließen es ihn
Jesus nachtragen.

Lukas 23, 26

Jerusalem

Jesu Kreuzigung

Kreuzigungsort und Begräbnisort Jesu liegen so nahe beisammen, daß die Grabeskirche (innerhalb der heutigen Altstadt im Christenviertel) beide überdeckt. Neueste Ausgrabungen zeigen, daß die Stelle, an der die Grabeskirche steht, zur Zeit Jesu außerhalb der Stadtmauer lag. Golgatha und Grab konnten nach damaligem Brauch nicht innerhalb der Stadtmauer gelegen haben. Die Grabeskirche in ihrer heutigen Gestalt ist ein Beispiel für die Zerrissenheit und Uneinigkeit der Christen. Sechs verschiedene Kirchen haben getrennten Besitz an diesem Gebäude. Nur das Christusgrab selbst und der Salbungsstein gehören allen (mit Ausnahme der evangelischen Kirchen).

Fotos: Die Grabeskirche
Das Heilige Grab (farbig)

Lukas 23, 33-35. 38-49

Als sie bei der Stelle, die »Schädelstätte« heißt, angekommen waren, schlug man Jesus dort ans Kreuz. Ebenso die Verbrecher; den einen rechts, den andern links von ihm.
Jesus betete: »Vater, vergib ihnen. Denn sie wissen nicht, was sie tun.«
Die Soldaten losten untereinander und verteilten dann seine Kleider.
Und die Leute standen dabei und sahen zu.

Es war aber ein Schild über Jesus angenagelt mit der Aufschrift: Der König der Juden ist dieser.
Einer von den beiden aufgehängten Verbrechern stieß Lästerungen gegen Jesus aus und sagte: »Bist du nicht der Christus? Rette doch dich und uns!«
Aber der andre Verbrecher fuhr ihn an: »Hast du nicht einmal vor Gott Angst, wo du doch dem gleichen Gericht ausgeliefert bist? Wir erleiden nur die gerechte Strafe für das, was wir verbrochen haben. Er aber hat nichts Böses getan.«
Dann wandte er sich an Jesus: »Jesus, denk an mich, wenn du in dein Reich kommst.«
Jesus versprach ihm: »Ich sage dir Gottes Wahrheit: Heute wirst du mit mir im Paradies sein.«
Etwa um die Mittagszeit brach über das ganze Land Nacht herein; und die Sonnenfinsternis dauerte bis etwa drei Uhr nachmittags. Der Vorhang im Tempel wurde mitten durchgerissen.
Da rief Jesus mit lauter Stimme: »Vater, in deine Hände lege ich meinen Geist.«
Nach diesen Worten starb er.
Als der Hauptmann das miterlebte, ehrte er Gott mit den Worten: »Dieser Mann war wirklich ein Gerechter.«
Alle Zuschauer des Geschehens, die das Schauspiel hatten mitansehen wollen, gaben ihrer Trauer Ausdruck und kehrten heim.
Auch Jesu Bekannte und die Frauen, die ihm von Galiläa her nachgefolgt waren, hatten etwas abseits dabeigestanden und das alles miterlebt.

Der Titulus, die Überschrift am Kreuz, die hier nur (V. 38) verkürzt gegeben ist, wird bei Johannes 19, 19 in deutlichster Version gegeben. Das ist das berühmte I.N.R.I.: Jesus Nazarenus Rex Judaeorum. Hebräisch könnte sich daraus eine bewußte Anspielung auf den vierbuchstabigen Gottesnamen JHWH (JAHWE) ergeben: Jeschu Hanozri W(u)melech Hajehudim, Jesus von Nazareth, König der Juden.

Schalom Ben-Chorin

Aber wer glaubt dem, was uns verkündet wurde, und wem ist der Arm des Herrn offenbart? Er schoß auf vor ihm wie ein Reis und wie eine Wurzel aus dürrem Erdreich. Er hatte keine Gestalt und Hoheit. Wir sahen ihn, aber da war keine Gestalt, die uns gefallen hätte. Er war der Allerverachtetste und Unwerteste, voller Schmerzen und Krankheit. Er war so verachtet, daß man das Angesicht vor ihm verbarg; darum haben wir ihn für nichts geachtet. Fürwahr, er trug unsere Krankheit und lud auf sich unsere Schmerzen. Wir aber hielten ihn für den, der geplagt und von Gott geschlagen und gemartert wäre. Aber er ist um unserer Missetat willen verwundet und um unserer Sünde willen zerschlagen. Die Strafe liegt auf ihm, auf daß wir Frieden hätten, und durch seine Wunden sind wir geheilt. Wir gingen alle in die Irre wie Schafe, ein jeder sah auf seinen Weg. Aber der Herr warf unser aller Sünde auf ihn. Als er gemartert ward, litt er doch willig und tat seinen Mund nicht auf wie ein Lamm, das zur Schlachtbank geführt wird; und wie ein Schaf, das verstummt vor seinem Scherer, tat er seinen Mund nicht auf. Er ist aus Angst und Gericht hinweggenommen. Wer aber kann sein Geschick ermessen? Denn er ist aus dem Lande der Lebendigen weggerissen, da er für die Missetat meines Volks geplagt war. Und man gab ihm sein Grab bei Gottlosen und Übeltätern, als er gestorben war, wiewohl er niemand Unrecht getan hat und kein Betrug in seinem Munde gewesen ist. *Jesaja 53, 1-9*

»Und die Leute standen dabei und sahen zu.« Interessiert und teilnahmslos, befriedigt und erregt, je nachdem. So wie Menschen zu allen Zeiten Ereignisse beobachten und an sich vorüberziehen lassen. »Die Sache Jesu ist für uns erledigt!« meinen sie und täuschen sich darin. Mit der Kreuzigung Jesu, inmitten von Verbrechern, endet wohl der menschliche Christusprozeß, der wahre »Pro-zeß« Jesu aber beginnt damit: das »Voranschreiten« Jesu in alle Welt. Die ausgestreckten Arme Jesu am Kreuz wollen alle Welt umgreifen und erfassen.

Einer, der andere liebt und damit ins Unglück gerät, braucht für Spötter nicht zu sorgen. Sie gehören dazu wie der Schatten zum Licht.

In den beiden Verbrechern zeigt sich, wie Not nicht nur beten, sondern auch fluchen, wie Not nicht nur fluchen, sondern auch beten lehrt. Menschen können fern von Gott sein. Kein Mensch ist so fern von Gott, daß er nicht in letzter Stunde noch heimfinden und heimkehren könnte. Nur: Ob jeder eine solche letzte Stunde hat? Ob jeder in seiner letzten Stunde die Chance der Begegnung mit Gott hat und noch die Kraft besitzt, zu bitten, umzukehren, in Jesu Hand einzuschlagen so wie der eine Verbrecher? Daß auch eine solche Begegnung die Umkehr nicht garantiert, wird in dem anderen Verbrecher deutlich.

Jesus denkt in den letzten Stunden seines Lebens — Füße und Hände sind durch die Nägel stillgelegt — an andere: »Vergib ihnen!« bittet er. Selbst in der bittersten Erniedrigung: kein Haß, sondern die Bitte um Vergebung — für sie, die ihn ans Kreuz schlagen.

In der letzten Minute seines Lebens läßt sich Jesus fallen. Er findet keine eigenen Worte mehr. Er flüchtet sich in Worte, die er von Kind auf kennt, in Worte seines Volkes, in Gebete, die schon Tausende vor ihm gebetet haben. Er weiß sich geborgen in der Tradition seines Volkes, in den Worten der Dichter und der Frommen seiner Landsleute,

und er spricht ihre Worte nach: »Vater, in deine Hände lege ich meinen Geist!« (Psalm 31, 6). Man muß solche Worte gelernt haben, damit sie einem einfallen können.

Und dann fällt es dem Hauptmann wie Schuppen von den Augen: »Dieser Mann war wirklich ein Gerechter.« Ein Gerechter, das heißt: Gott ergeben sein, Reden und Verhalten übereinstimmen lassen, nicht nur an sich denken. Ob er ein römischer Söldner aus germanischem Lande war, dieser Hauptmann? Wer weiß? Unter dem Kreuz kommt ihm diese Erkenntnis. Unter dem Kreuz, nirgends sonst kann die Erkenntnis kommen, daß Jesus unser Leben verändern kann. Bergsteigen muß ich in den Bergen lernen, und Schwimmen im Wasser. Christwerden geschieht unter dem Kreuz des Christus. Nirgends sonst. Hier müssen uns die Augen aufgehen: in dem geschundenen Leib Jesu, in der Verkehrung und Verzerrung dessen, was Schönheit und Liebe und Güte ist. Hier ist Gottes Schönheit und Liebe und Güte zu erkennen. Dies ist nicht leicht. Wie schwer erkennen wir durch die vielen Grabkreuze auf der ganzen Erde hindurch Gottes Liebe zum Leben! Oder wie sagt Jesus: »Wenn das Weizenkorn nicht in die Erde fällt und stirbt, bleibt es ein einzelnes Korn; wenn es aber stirbt, bringt es viel Frucht« (Johannes 12, 24).

Herr, unser Gott!
Am Kreuz starb Jesus,
um all das, was uns von dir trennt,
mitsterben zu lassen.
Er streckte die Arme aus,
um uns alle zu sich zu ziehen.
Wir danken ihm und dir dafür.
Amen.

»Vater, in deine Hände lege ich meinen Geist.« Lukas 23, 46

Jerusalem

Jesu Auferstehung

Ein Felsengrab, 1882 in einem Garten von dem englischen General Gordon entdeckt, wurde von diesem und anderen als das wahre Christusgrab gedeutet, weil es außerhalb der heutigen Altstadtmauer liegt. Die neueren Ausgrabungen haben aber bewiesen, daß das echte Christusgrab bei der Grabeskirche zu suchen ist. Wie die Begräbnisstätte zur Zeit Jesu ausgesehen haben mag, zeigt dieses Felsengrab oder Gartengrab. Das Gartengrab ist die einzige Stelle, an der evangelische Christen ein gewisses Heimatrecht haben (abgesehen von der deutschen evangelischen Erlöserkirche).

Fotos: Das Gartengrab
Osterkerzen werden entzündet (farbig)

Lukas 23, 50-53

Ein Mitglied des Hohen Rates namens Josef, ein vorzüglicher und rechtschaffener Mann, war auch dabei. Er hatte den Beschluß und das Verfahren des Hohen Rates nicht gebilligt.
Seine Heimat war die Stadt Arimathäa in Judäa. Und er sehnte Gottes Reich herbei.
Er begab sich zu Pilatus, erbat von ihm den Leichnam Jesu, nahm ihn dann ab und hüllte ihn in feine Tücher ein. Anschließend legte er ihn in eine in Stein gehauene Totengruft, in der noch niemand bestattet worden war.

Lukas 24, 1-11

Am Sonntag, dem ersten Tag der Woche, kamen die Frauen ganz früh morgens zum Felsengrab. Die zur Bestattung vorbereiteten, wohlriechenden Kräuter brachten sie mit.
Sofort entdeckten sie, daß der Verschlußstein von der Graböffnung entfernt war. Sie stiegen hinein und fanden den Leichnam des Herrn Jesus nicht.
Während sie fassungslos über ihre Entdeckung dastanden, waren plötzlich zwei Männer in strahlender Kleidung bei ihnen. Da erschraken sie tief und senkten den Blick zu Boden.
Aber die Männer sprachen sie an: »Warum sucht ihr den Lebendigen bei den Toten? Er befindet sich nicht hier. Er ist auferweckt worden. Erinnert euch doch daran, was er voraussagte, als er noch in Galiläa war. Er betonte ausdrücklich, der Menschensohn müsse den Händen der gottlosen Menschen ausgeliefert und dann gekreuzigt werden. Aber am dritten Tag werde er wieder auferstehen.«
Jetzt fielen ihnen Jesu Worte wieder ein.
Sie kehrten um und berichteten all das den elf Jüngern und den andern.
Es waren namentlich Maria aus Magdala, Johanna und Maria, die Mutter des Jakobus.
Auch die andern Frauen, die sich bei ihnen befanden, bestätigten es den Aposteln.
Den Jüngern schienen jedoch diese Berichte Phantasterei zu sein; sie glaubten ihnen nicht.

Josef von Arimathäa, ein Mitglied des Synhedrions, bestattet den Leichnam Jesu in einem frischen Felsengrab. Schiebegräber dieser Art sind bis heute in Israel zahlreich erhalten und werden »Kuchim« genannt. In eine solche ausgehauene Felsennische wurde die Leiche gelegt. Nach einigen Jahren nahm man die Gebeine heraus, legte sie in einen kleinen Steinsarkophag, so daß ein und dasselbe Grab mehrfach benutzt werden konnte.

Schalom Ben-Chorin

Bewahre mich, Gott; denn ich traue auf dich.
Ich habe gesagt zu dem Herrn: Du bist ja der Herr!
Ich weiß von keinem Gut außer dir.
An den Heiligen, die auf Erden sind,
an den Herrlichen hab ich all mein Gefallen.
Aber jene, die einem anderen nachlaufen,
werden viel Herzeleid haben.
Ich will das Blut ihrer Trankopfer nicht opfern
noch ihren Namen in meinem Munde führen.
Der Herr ist mein Gut und mein Teil;
du erhältst mir mein Erbteil.
Das Los ist mit gefallen auf liebliches Land;
mir ist ein schönes Erbteil geworden.
Ich lobe den Herrn, der mich beraten hat;
auch mahnt mich mein Herz des Nachts.
Ich habe den Herrn allezeit vor Augen;
steht er mir zur Rechten, so werde ich fest bleiben.
Darum freut sich mein Herz, und meine Seele ist fröhlich;
auch mein Leib wird sicher liegen.
Denn du wirst mich nicht dem Tode überlassen
und nicht zugeben, daß dein Heiliger die Grube sehe.
Du tust mir kund den Weg zum Leben:
Vor dir ist Freude die Fülle
und Wonne zu deiner Rechten ewiglich.

Psalm 16

Das Grab ist die Bestätigung des Kreuzes. Das Grab ist die Widerlegung des Scheintods Jesu. Das Grab ist Endstation und Neubeginn. Nicht umsonst haben sich die Kirchen aller Konfessionen gerade um den Platz des Grabes gemüht, weil es wohl Bestätigung, aber auch Überwindung des Kreuzes bedeutet.

Jesus wird von Freunden in eine vornehme, unbenutzte Totengruft außerhalb der Stadtmauer, ganz in der Nähe des Richtplatzes, gelegt. Jesus soll nicht verscharrt werden. Er soll begraben werden wie andere Menschen. Sein Grab soll besucht werden können wie anderer Menschen Grab. Josef von Arimathäa sorgt für das Grab. Jesus hat mehr Sympathisanten, als die letzten Tage seines Lebens vermuten lassen.

Die Frauen sorgen für den Leichnam. Wenn schon dem lebenden Jesus in den letzten Wochen viel abging: Dem toten Jesus soll jetzt nichts fehlen. Spezerei, Salben, Öle sollen den Leichnam für die Zukunft erhalten. Wenn schon der lebendige Jesus nicht mehr da ist, dann soll wenigstens der tote Jesus möglichst lange erhalten bleiben.

Am Morgen nach dem großen Passahsabbat: Die Frauen sind am Grab. Sie wollen für die Zukunft Jesu sorgen. Derweilen sorgt Gott für die Zukunft Jesu und für die Zukunft der Frauen und aller Menschen, ganz anders, als sie es sich gedacht hatten. Das Grab ist leer. Sie verstehen dieses Sorgen Gottes noch nicht. Boten Gottes müssen verkünden: »Warum sucht ihr den Lebendigen bei den Toten? Er befindet sich nicht hier. Er ist auferweckt worden!« Und diese Botschaft läuft seitdem um die Welt: »Er ist auferweckt worden! Er ist auferstanden!«

Die Frauen sagen den Jüngern die Botschaft weiter. Die Jünger glauben den Frauen nicht. Daran liegt es immer: daß Menschen der Botschaft glauben oder nicht glauben. Das Vertrauen der Frauen, die Zweifel der Männer, das lebenshungrige Gespür der Frauen, der kriti-

sche Verstand der Männer, die lachenden Augen der Frauen, der verbissene Mund der Männer, die redenden, verkündenden Frauen und die schweigenden Männer: Beides ist Antwort auf die Botschaft »Christ ist erstanden!«

Was wäre geschehen, wenn die Jünger und nicht die Frauen die ersten Empfänger der Botschaft von der Auferstehung gewesen wären? Aber vielleicht müssen die Frauen die ersten Zeugen der Botschaft sein, damit sie zum Laufen kommt. Und sie kommt ins Laufen. Und läuft noch.

So wird der Ort des Todes zum Ort des Lebens. Wo Menschen verschlossene Gräber vermuten, sind die Steine schon weggerollt. Wo Menschen Angst haben, hat Gott längst die Probleme gelöst. Wo Menschen Gräber und Kreuze sehen, hat Gott in Jesus Christus den Tod bezwungen. Gräber haben seit Jesu Grab ihre Schrecken verloren. Gräber und Kreuze verkünden heute den Sieg Jesu über den Tod.

Herr, unser Gott!
Der Tod ist besiegt.
Der Weg zu dir ist frei.
Auch wenn uns immer wieder Zweifel kommen:
Du hast Jesus auferweckt.
Laß uns den Zeugen glauben!
Und laß uns fröhlich singen!
Amen.

»Warum sucht ihr den Lebendigen bei den Toten? Er befindet sich nicht hier. Er ist auferweckt worden.«

Lukas 24, 5. 6

Foto-Nachweis:

Bethlehem: (1) Zink (2) Garo
Nazareth: (1) Zink (2) Zink
See Genezareth: (1) Zink (2) Zink
Kapernaum: (1) Zink (2) Zink
Tabgha: (1) Zink (2) Zink
Cäsarea Philippi: (1) Zink (2) Garo
Jericho: (1) Zink (2) Zink
Jerusalem: (1) Zink (2) Zink (3) Zink
(4) Zink (5) Zink (6) Zink (7) Zink
(8) Garo (9) Zink (10) Zink
(11) Zink (12) Garo

Quellen-Nachweis:

Die Texte aus dem Lukas-Evangelium sind entnommen der FOTOBIBEL, [3]1977.
Die Texte aus dem Alten Testament sind entnommen: Das Alte Testament nach der Übersetzung Martin Luthers. Revidierter Text 1964.

1. Auflage 1977, 1.-20. Tausend
2. Auflage 1977, 21.-50. Tausend

ISBN 3-7918-2146-6

Gestaltung: JAC
Einbandfoto: Garo
Satz und Druck: Quell Verlag Stuttgart